AF264140

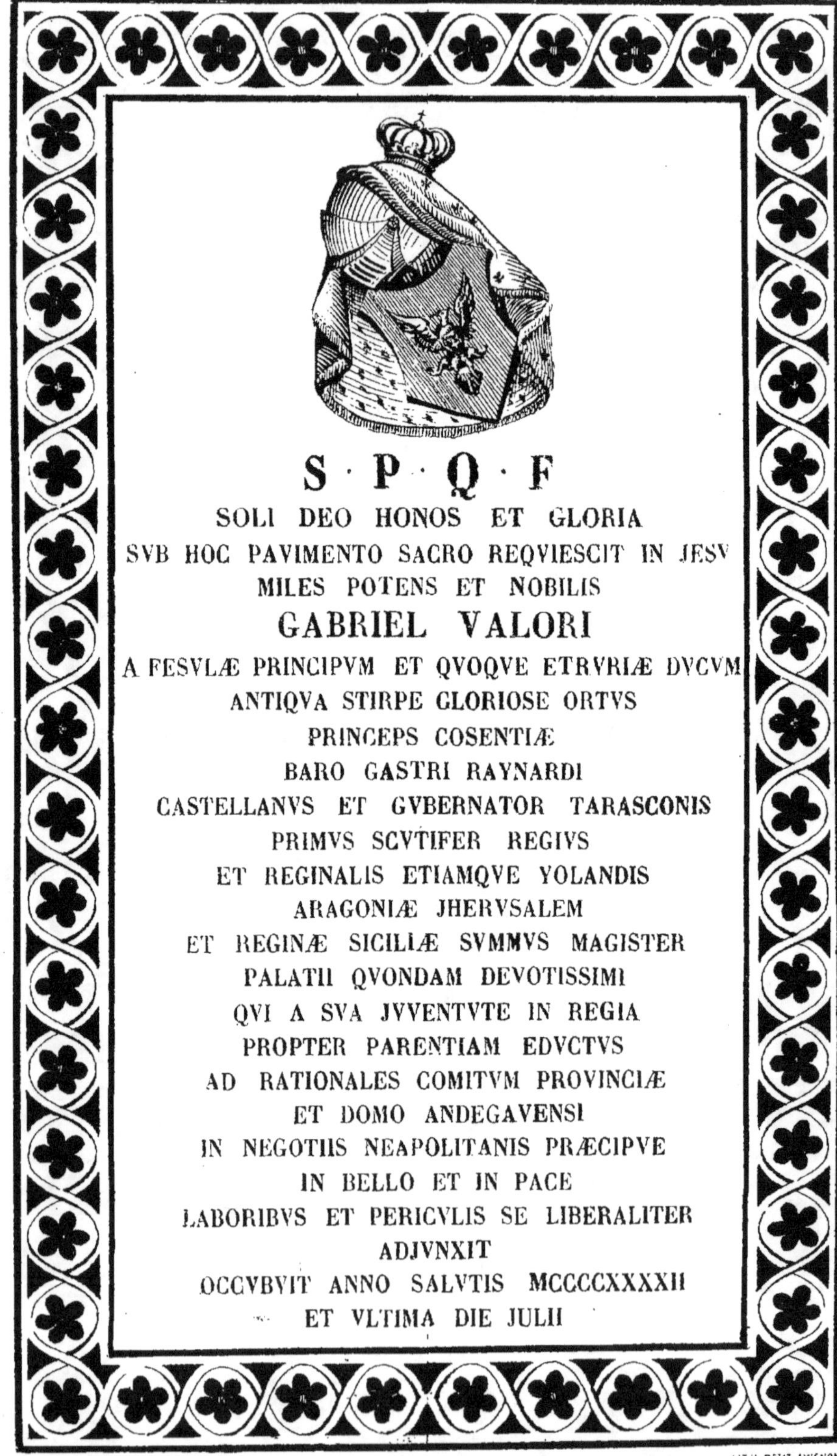

S · P · Q · F
SOLI DEO HONOS ET GLORIA
SVB HOC PAVIMENTO SACRO REQVIESCIT IN JESV
MILES POTENS ET NOBILIS
GABRIEL VALORI
A FESVLÆ PRINCIPVM ET QVOQVE ETRVRIÆ DVCVM
ANTIQVA STIRPE GLORIOSE ORTVS
PRINCEPS COSENTIÆ
BARO GASTRI RAYNARDI
CASTELLANVS ET GVBERNATOR TARASCONIS
PRIMVS SCVTIFER REGIVS
ET REGINALIS ETIAMQVE YOLANDIS
ARAGONIÆ JHERVSALEM
ET REGINÆ SICILIÆ SVMMVS MAGISTER
PALATII QVONDAM DEVOTISSIMI
QVI A SVA JVVENTVTE IN REGIA
PROPTER PARENTIAM EDVCTVS
AD RATIONALES COMITVM PROVINCIÆ
ET DOMO ANDEGAVENSI
IN NEGOTIIS NEAPOLITANIS PRÆCIPVE
IN BELLO ET IN PACE
LABORIBVS ET PERICVLIS SE LIBERALITER
ADJVNXIT
OCCVBVIT ANNO SALVTIS MCCCCXXXXII
ET VLTIMA DIE JULII

VÉRAY SCULPSIT.
LITH PETIT AVIGNON

NOTICE HISTORIQUE

SUR

GABRIEL DE VALORI

DEUXIÈME DU NOM

PRINCE DE COZENZA

CHATELAIN ET GOUVERNEUR DES CHATEAUX ET VILLES

DE

TARASCON ET DE BEAUCAIRE

PUBLIÉE

A L'OCCASION DE LA RESTAURATION DE SON TOMBEAU, EXÉCUTÉE PAR M. VÉRAY
DANS LE CHŒUR DE L'ÉGLISE STE-MARTHE DE TARASCON.

PAR L'ABBÉ J. F. ANDRÉ

CORRESPONDANT DU MINISTÈRE POUR LES TRAVAUX HISTORIQUES.

—

AVIGNON

FR. SEGUIN AÎNÉ, IMPRIMEUR-LIBRAIRE
rue Bouquerie, 13.
—
1865

NOTICE

SUR

GABRIEL DE VALORI

DEUXIÈME DU NOM.

L'église principale de Tarascon , dédiée à Ste-Marthe de Béthanie, s'honore d'avoir été fondée par cette Sainte et d'en posséder les reliques ; possession que lui assure une tradition ancienne et vénérable , transmise par la voix des siècles , attestée par la piété des fidèles , confirmée par l'opinion et le culte de l'Église universelle.

Cette église, aussi ancienne qu'illustre , et qui vient d'être restaurée, grâce aux soins de son vénérable curé M. l'abbé Bondon , dont le saint ministère a été si utilement rempli ; cette église , disons-nous, renferme les tombeaux de plusieurs princes et grands personnages : ce sont ceux d'une princesse de la maison d'Aragon , de Gabriel de Valori, prince de Cozenza , de Jean Cossa , comte de Troïa , de Rostang , Raymond et Jean de Gantelmi et de Guillaume Crespin. C'est de Gabriel de Valori dont nous allons entretenir nos lecteurs.

Gabriel appartenait à une des plus anciennes et des plus illustres familles souveraines d'Italie , originaire de Rome. Une tradition célèbre, appuyée par le témoignage des historiens les

plus en renom, lui donnent pour auteur Caïus Junius Rusti-
chellus, consul et contemporain de Cicéron. Les maisons Junia,
Julia, Fabia et Cornélia étaient les quatre plus grandes maisons de Rome. — « Il y a, dit Machiavel, dans les origines
des Valori, quelque chose de mystérieux et de vénérable qui les
rend particulièrement chers aux Florentins; c'est ce qui expli-
que avec quelle facilité ils renversèrent si souvent les Médicis. (1) »

Dans son rapport à Louis XIV, le comte de Pontchartrain,
secrétaire d'État, s'exprime en ces termes : — « Si la Maison
de Valori n'a pas conservé jusque icy le rang et la dignité de
souveraine, le tems nous a fait voir bien d'autres événements,
mais l'on peut dire que sa noblesse est si ancienne, qu'elle y a
puisé son origine et qu'étant sortie noble et distinguée des siècles les plus obscurs, elle a participé par là à un avantage qui
n'est commun qu'aux souverains, aux têtes couronnées et aux
princes. Sans percer ces siècles obscurs et rapprocher la Maison
de Valori de l'origine glorieuse qu'on doit lui accorder légiti-
mement, nous pouvons dire sans flatterie que, si elle ne sort
pas des consuls romains, elle sort des anciens ducs de Toscane, de la descendance légitime de l'empereur Charles le
Grand. » (2)

Les lettres patentes du 15 juin 1666 délivrées au marquis
de Valori, un des généraux qui battirent le grand Condé à la
bataille des Dunes, sont encore plus explicites, — « Louis
par la grâce de Dieu, roi de France et de Navarre, etc...
Considérant les grands et recommandables services que ses
pères et ancestres ont rendu à l'État et aux Roys nos pré-
décesseurs dans des hauts et plus grands emplois de guerre

---

(1) Machiavel. *Éloge de Francesco Valori.*
(2) Pontchartrain. *Mémoire au Roy.*

qu'autrement, dehors et dedans du royaume et de ceux qu'il m'a rendus personnellement, à l'imitation de ses pères, et à cause aussi de la haute illustre renommée et considérable naissance d'ancienneté et de grandeur immémoriale. Considérant que non-seulement la famille de Valori est alliée aux plus hautes grandes et illustres maisons du royaume et païs étrangers, mais à notre royale maison par le mariage de Jean de Valori, Sire d'Estilly avec Renée de Valois, laquelle descend par huit degrés de notre aïeul de saincte mémoire le roi Louis, le neuvième, etc. »

Tels sont les considérants magnifiques de l'érection de la Sirerie d'Estilly en Touraine, en marquisat.

Dans les temps les plus reculés, elle se transporta en Étrurie, sur le territoire de Fiesole, où elle régna pendant le VIIe, le VIIIe, le IXe et le Xe siècle. Godefroid le Bossu, prince de Fiesole, épousa en 1055, la fameuse comtesse Mathilde et devint par ce mariage, duc de Toscane. (1) A la fin du XIIIe siècle, les princes de Fiesole, palatins de Toscane, reconnurent la République de Florence, échangeant, bon gré mal gré, leur souveraineté pour le patriciat florentin.

Devenus les rivaux des Médicis, les Valori furent élevés vingt et une fois au souverain pouvoir, avant que Cosme de Médicis ne l'eût rendu héréditaire dans sa famille. Vaincus à Montemurlo, dans la dernière bataille qu'ils livrèrent pour l'indépendance de Florence, les Valori virent *dix-sept membres* de leur famille (dont deux jeunes filles de 14 ans et de 16) décapités par l'ordre de Cosme. La branche aînée des Valori s'étei-

(1) *Ego Mathilda, Dei gratia, si quid sum, una cum conjugem Gottfridum Rustichelli.* (Charte de 1100, rapportée au Tome VIIIe des *Preuves de l'Histoire de Florence, pag.* 163.) — C'est du duc Godefroy et de Mathilde que descendent de père en fils par une filiation directe et paternelle de 24 degrés MM. de Valori.

gnit à Florence dans la personne du prince Alexandre de Valori, duc de Montemurlo, qui avait épousé Marie-Jeanne de Médicis, fille de Cosme III, grand-duc de Toscane et de Marguerite-Louise d'Orléans. (1) Par cette alliance, Alexandre devenait petit-fils et petit-neveu de deux rois de France et de trois grands-ducs de Toscane, et s'il avait eu des enfants de Marie-Jeanne, les Valori seraient remontés sur le trône de leurs ancêtres.

La Maison des Valori est fixée en France dans une de ses branches, depuis Gabriel de Valori (2), prince de Cozenza, vice-

----

(1) Henri IV, roi de France, marié à Marie de Médicis.

Gaston, duc d'Orléans, marié à Marguerite de Lorraine.

Marguerite-Louise d'Orléans, mariée à Cosme III de Médicis, grand-duc de Toscane.

Marie-Jeanne de Médicis, mariée à Alessandro Valori, duc de Montemurlo.

(2) Pouvoirs de vice-roi de Provence, délivrés le 3 mai 1358 à Gabriel de Valori, par la reine Jeanne.

« Jeanne, par la grâce de Dieu, reine de Jérusalem et de Sicile, etc... à magnifique seigneur *Gabriello Valori*, patricien du peuple de Saint-Procule de Florence, notre bien-aimé parent, lieutenant de Notre Majesté, et capitaine-général de nos troupes en Calabre, grâce et bonne volonté.

« Comme il nous est déjà avéré par le témoignage de beaucoup, et récemment par celui de très-illustre prince de Calabre, notre dernier témoin, qu'entre les plus illustres chevaliers Florentins, tu t'es rendu célèbre par ta fidélité. Car ce n'est pas seulement en temps de paix que tu l'emportes sur les autres d'une manière merveilleuse par ton éloquence et ta grandeur d'âme, mais c'est aussi au milieu du bruit des armes que tu te montres intrépide. Pour ces raisons, et afin que notre bienveillance envers toi brille d'une manière éclatante, récapitulant dans notre esprit ce que le Souverain Dominateur des rois a fait pour moi avec l'aide de la République de Florence, à partir de ce jour, pour l'avenir, magnifique seigneur *Valori*, afin que tu puisses gérer toutes les affaires soit de paix, soit de guerre dans notre sacré Sénat de Provence, nous te donnons *notre toute*

roi de Naples et de Provence, qui épousa Marguerite d'Anjou, comtesse de Trani, nièce de la reine Jeanne. Marguerite apporta en dot la baronie royale de Châteaurenard.

La Maison de Valori a prouvé sa filiation authentique devant les tribunaux, en 1855, depuis Rustichello-Rustichelli, prince souverain de Fiesole, palatin de Toscane par la grâce de Dieu, vicaire général de l'empire, en 934.

Parmi les grands hommes qui sont sortis de cette race antique, l'histoire redit les noms de Jean Rustichelli qui, armé chevalier à douze ans, fut fait prisonnier par les *Noirs* et dont la rançon coûta aux *Blancs* un million de l'époque; du pape Innocent V, de Taldo Valori, (1) gonfalonier de la République de Florence, surnommé le Grand, dont la mémoire vit encore de nos jours dans ce dicton populaire: *Diò é Taldo provederà!* de Francesco Valori que Savonarole voulait porter sur le trône de Florence (2), et que Philippe de Comines appelle « le principal homme de Florence (3) »; de Baccio Valori, surnommé

puissance royale et nous ordonnons spontanément et librement à tous nos sujets présents dans notre Comté de Provence, d'obéir à tes ordres selon tes mérites et ta très-noble origine, etc. » — Traduit par Hasenfeld, traducteur-juré près la Cour impériale de Paris. (Voyez *Armorial du dép. des Bouches-du-Rhône*, par le marquis de Piolenc. pag 189, 190.)

(1) Taldo Valori, à un moment de disette, vendit ses villas et palais pour venir en aide aux Florentins. C'est lui qui prêta 30,000 florins d'or (3 millions de l'époque) à Édouard III, roi d'Angleterre.

(2) « Savonarole, voulant mettre l'union parmi les grands, qui étaient « fort désunis, et voyant qu'elle ne serait durable qu'autant qu'il y au- « rait un chef suprême, ne trouvait personne qui fût plus apte à occu- « per le souverain pouvoir que Valori lui-même, vu son amour du bien « public. Ce qui inclinait encore plus le dominicain à l'élévation de Va- « lori, c'était l'ancienneté de sa famille et le rôle qu'elle avait déjà joué « dans les temps anciens. » (Silvano Razzi. *Vie de François Valori.*)

(3) « Le peuple lua le principal homme de la ville, amy dudit frère, appelé Francisque Valory (sic). Le pape leur envoya pouvoir et com-

le *Léonidas florentin* qui, avec 300 chevaliers Florentins, se défendit à Montemurlo pendant vingt-quatre heures contre les 25,000 hommes de Cosme de Médicis. Dans les derniers siècles, Jean de Valori commandait un corps d'armée à Aignadel : Charles Guy, marquis de Valori, commandait le génie militaire à Denain, et Guy Henri, son fils, était réputé par le grand Frédéric, pour un des trois plus habiles capitaines français du XVIIIe siècle. Le roi de Prusse le mettait sur le même rang que Belle-Isle et au dessus de Chevert.

Quand aux alliances des Valori, qu'il nous suffise indépendamment de celles qui se trouvent naturellement citées dans cette notice, de mentionner le mariage de Jean de Valori, huitième aïeul paternel de MM. de Valori, avec Renée de France, fille de Brandelys de France, comte de Champagne-la-Suze et de Renée de Valois, sœur du roi Charles VIII. (1) Disons encore que le marquis de Valori, bisaïeul du marquis actuel, épousa, le 2 mai 1736, Gabrielle-Elisabeth de Montmorenci-Laval et que Charles de Valori, marquis de Lècé, épousa le 10 juin 1657, Élisabeth de Larochefoucauld.

Les origines et l'illustration d'une grande race étant ainsi exposées, nous allons faire mention des personnages de cette famille qui ont joué un rôle dans l'Histoire de Tarascon : — Ce

« mission pour faire le procès. » (*Mémoires de Comines*, *livre VIII*, *chap.* 26, *édition Petitot.* Paris 1820, tome XIII, pag. 228.)

(1)   Saint-Louis.
            I
            I
    Charles VIII.

Renée de Valois,
mariée à Brandelys de France.
I
Renée de France,
mariée à Jean de Valori.

sont : Gabriel de Valori, Ier du nom, Barthélemy de Valori, son fils aîné (1), Gabriel de Valori, IIe du nom, son fils cadet, et Gabriel de Valori, IIIe du nom. Ces quatre seigneurs sont qualifiés dans les actes du temps *chatelains et gouverneurs héréditaires* des châteaux et villes de Tarascon et de Beaucaire. A la fin du XVIe siècle, ces titres passèrent dans la Maison des Porcellets de Maillane, par le mariage de Jeanne de Valori avec Roderic des Porcellets.

Pierre II des Porcellets est ainsi qualifié dans son acte de 1504.

Les Valori avaient un château féodal dans l'enceinte de Tarascon. La tour dite *des oboles*, qui est située près de l'Hôtel de M. le comte de Barrème, est un débris de cet ancien donjon. (2)

Gabriel de Valori, IIe du nom, fils cadet de Gabriel de Valori, vice-roi de Naples et de Provence et de Marguerite d'Anjou, comtesse de Trani, nièce de la reine Jeanne, naquit à Naples, le 11 février 1378.

En 1409, il hérita de la principauté de Cozenza que lui laissa son père, et en 1417, Barthélemy de Valori (3), son

---

(1) Gabriel de Valori, surnommé le Grand, duc de Gaëte, prince de Cozenza et marquis de Lecce au royaume de Naples, baron de Château-Renard en Provence, vice-roi de Naples et de Provence, est célèbre dans l'Histoire de l'Église pour l'asile qu'il donna à Benoît XIII et aux cardinaux assiégés dans le palais d'Avignon par le maréchal de Boucicaut. Le vainqueur de Cozenza et d'Aversa, dont la vie légendaire est liée étroitement à celle de la reine Jeanne, mourut à Gaëte en 1409, et la cour de Naples porta son deuil comme celui d'un souverain.

(2) La famille de Barrème a joué un rôle considérable dans l'Histoire de Tarascon. C'est une noble et ancienne famille de la Provence qui est alliée aux plus grandes familles du pays. M. le comte de Barrème, fils d'une Nicolaï, est allié par sa femme, Mlle de Villeneuve Beauregard, à la plus haute noblesse provençale. Un Barrème, sous Henri IV, défendit vaillamment Tarascon.

(3) *Barthélemy de Valori,* etc fut nommé viguier d'Arles, 2 mai 1415, seigneur de Berre, 17 août 1415, de Martigues, 27 septembre 1415,

frère ainé, ayant été nommé gouverneur d'Anjou par Yolande
d'Aragon, duchesse d'Anjou, celui-ci lui céda la baronnie

gouverneur d'Anjou, 1417, seigneur de Rognac, 14 janvier 1421, seigneur de Mariguane et des Iles d'Or, le 2 février 1427. En 1409, il eut
la survivance du gouvernement des châteaux et villes de Tarascon et de
Beaucaire. Ce fut Barthélemy de Valori ayant sous ses ordres Guillaume
Crespin, capitaine du château, qui déjoua la conspiration ourdie par
Jean de Buxedona; par son activité et son intelligence, il sauva la ville
de Tarascon. Il eut deux fils et deux filles, Louis de Valori, qui continua
la postérité; Hilaire, évêque de Poitiers; Jeanne, mariée à Guillaume,
comte de Ribeira et Marie, épouse d'Alphonse, comte de Luna, neveu
de Benoît XIII. Il avait épousé Césarée d'Arlatan, fille de Jean d'Arlatan,
surnommé le Grand. Césarée lui apporta la portion de la ville d'Arles
que les d'Arlatan possédaient en cosseigneurie: l'autre partie appartenait
aux Porcellets.

La Maison d'Arlatan étant éteinte dans la Maison de Valori, elle a trans-
mis à cette dernière les droits de souveraineté qu'elle avait sur Arles, de
moitié avec les Porcellets.

Gabriel de Valori, IIIᵉ du nom et fils cadet du précédent, né à Arles, en 1412, fut élève page de Louis II. Ce favori des comtes de Provence, fut sénéchal et gouverneur de Nîmes, viguier d'Arles, le 1ᵉʳ mai
1466, grand écuyer de Provence, le 2 février 1467, chevalier de l'Ordre
du Croissant à la fondation, le 11 août 1448, grand maître de l'Ordre,
le 17 juin 1650. En 1456, il fut investi du droit de faire grâce aux cri-
minels; la même année il eut la survivance du gouvernement des châteaux et villes de Tarascon et de Beaucaire. Le 15 juin 1467, il présida
par ordre du roi René les États de Provence. Héritier des seigneuries de
Marignane et de Rognac, il acquit la seigneurie d'Eguilles qui lui fut lé-
guée par le roi Louis II, comme on le voit dans son testament. « Pour
donner une idée du dévouement de Gabriel, dit M. de Villeneuve-Bargemont, nous dirons qu'il vendit Marignane, Château-Renard, Eyragues,
Graveson et Rognac pour venir en aide au roi René. »

Gabriel fut tué au Pont-St-Esprit, qu'il défendait contre les routiers.
Par lettres du 17 novembre 1469, René commit Guy de Quatrebarbes
pour aller quérir le corps « de son parent et fidèle amy. » Il avait épousé
Honoré Alvarez de Tolède, des rois de Castille, dont il eut : Barthélemy,
mort en bas âge à Tarascon ; Pierre, cardinal-archevêque d'Albano ;
Guillonne, mariée à Jean de la Croix, seigneur de Lunel ; Stéphanette,
mariée à Gaston, sire d'Anduze, et Jeanne, épouse de Rodrigue de Porcellets.

de Château-Renard, que Marguerite d'Anjou avait apportée dans sa famille.

En 1420, il accompagna Louis III à la conquête du royaume de Naples. Nommé successivement premier écuyer, conseiller intime et grand-maître de la Maison de son souverain, il fut envoyé dans les Abruzzes comme vice-roi. Il revint en Provence, en 1532, et, par lettres patentes du 24 octobre de la même année, il reçut, comme son père et son frère, l'investiture du gouvernement des châteaux et villes de Tarascon et de Beaucaire. Gabriel avait épousé Marguerite de Laval, fille de Guy IX, sire de Laval, et de Béatrix de Bretagne, fille d'Artus II. duc de Bretagne et d'Yolande de Dreux.

Il mourut à Tarascon, le 31 juillet 1442, et fut enseveli avec tous les honneurs dus à son rang, dans le chœur de l'église de Ste-Marthe de Tarascon où son tombeau vient d'être restauré par les soins de M. Véray, l'éminent auteur de la statue du brave Crillon et de plusieurs ouvrages distingués.

Dans son testament qui se trouve dans les minutes de *Girardy*, actuellement entre les mains de M. Raoulx, notaire à Tarascon, Gabriel de Valori s'exprime en ces termes : « Je veux, j'ordonne et j'exige que mon corps à savoir mon cadavre soit enterré et enseveli avec les cérémonies de l'Église, dans le chœur de l'église de Ste-Marthe de Tarascon devant le grand autel. » (1)

Gabriel fut avec son frère Barthélemy, un des exécuteurs testamentaires de Louis II. Ses petits neveux, Georges et Antoine assistèrent de la même manière le dernier duc d'Anjou.

Depuis Erard de Valori, (2) remportant à 80 ans la victoire

(1) « Volo, jubeo-que et mando corpus sive cadaver meum sepeliri, « humari-que et sepulturæ ecclesiasticæ tradi in choro cujusdam Ecclesiæ « Sanctæ Marthæ Tharasconis ante magnum altare. »

(2) Voyez le Testament de Charles d'Anjou. Ce roi laisse 2,500 florins d'or, au fils de Erardo Valori, le vainqueur de Tagliocozzo.

de Tagliacozzo, qui donne la couronne de Naples à la Maison d'Anjou ; depuis Taldo Valori, envoyant deux mille Florentins au secours de la reine Jeanne, jusqu'à Louis de Valori, grand écuyer du roi Charles VII, sauvant la vie à Louis XI encore Dauphin et à Charles d'Anjou, le Vendredi-Saint 1450, au lieu de Berhuart sur la Loire, les princes de la Maison de Valori furent associés à tous les destins des ducs d'Anjou. Montés avec eux sur les trônes de Naples, de Provence et d'Anjou, on peut dire qu'ils n'en descendirent qu'avec eux, laissant à la postérité le soin de décider qui fut le plus surprenant ou du dévouement des Valori ou de la reconnaissance de leurs souverains !

TRADUCTION

DE L'INSCRIPTION DU TOMBEAU. (1)

Senatus populus-que Florentinus.

A DIEU SEUL HONNEUR ET GLOIRE !

Sous ce marbre sacré repose en Jésus-Christ noble et puissant chevalier, Gabriel Valori, qui eut la gloire d'être issu de l'antique race des princes de Fiesole et des ducs de Tos-

(1) Cette inscription est due à feu M. le marquis de Valori.

Henry Zozime, marquis de Valori, né à Château-Renard, le 8 juin 1786, mort au même lieu, le 31 janvier 1859, avait hérité non-seulement du nom, mais aussi des goûts artistiques et littéraires des grands hommes de sa race qui illustrèrent la république des lettres à la Renaissance. Le marquis de Valori s'est fait connaître par des poëmes et des poésies de premier ordre, par de nombreux travaux archéologiques et historiques. « Esprit rare, mais caché dans la modestie du foyer, a dit M. Lau- « rentie, il fut de ceux qui ne poursuivent point la gloire parce qu'ils

canc, il fut prince de Cozenza, baron de Château-Renard, chatelain et gouverneur de Tarascon, premier écuyer du roi et de la reine, et jadis le grand-maitre du Palais très-fidèle de Yolande d'Aragon, reine de Jérusalem et de Sicile. Élevé comme parent, à la cour, dès sa plus tendre jeunesse, il entra dans les conseils des comtes de Provence et se dévoua généreusement à la Maison d'Anjou, principalement dans les affaires de Naples, pendant la guerre comme pendant la paix, au milieu de fatigues et de dangers. Il mourut l'an du salut, 1442, le dernier jour de juillet.

En tête de l'inscription se trouvent les armes de la Maison de Valori, telles qu'elles sont sur les tombeaux de cette grande

« sentent en eux tout ce qui la donne. » Le marquis de Valori par sa munificence rappelait ce passage de Sylvano Razzi : « Être les Mécènes « des savants et des virtuoses a toujours été l'apanage des Valori ! »

Le marquis de Valori avait épousé Anne-Caroline de Trochon de Laudigeois d'une ancienne famille qui a donné des évêques à l'Église, des présidents au Parlement, des conseillers du Roi, des chevaliers de Malte et du St-Sépulcre. Jean Trochon était avec le cardinal de Talleyran et Jacques Colonna un des intimes de Pétrarque.

En 1712, Pierre Trochon, Seigneur de Laudigeois et de la Porte est qualifié conseiller du roi *Guesdon et Remy notaires.*

En 1720, Jean Trochon est qualifié président au siége du Chateau-Gontier. Signé *Goslin notaire.*

En 1725, Joseph Trochon est qualifié d'ancien président au siége de l'Election d'Angers, conseiller et échevin perpétuel d'Angers *Signé Menu et Cellier.*

Le 29 janvier 1760, F. Trochon, Seigneur de Laudigeois et de la Porte, conseiller du Roi en l'élection de Mantes et de Meulan, grand-père de la marquise de Valori actuelle a été reçu chevalier, par justice de l'Ordre hospitalier et militaire de St-Jean-de-Jérusalem (*Histoire de l'Ordre du St-Sépulchre.* Chez Renaudière, Paris, 1815.)

Madame la marquise de Valori, l'amie de S A. R. madame la duchesse de Berry, auteur elle-même de plusieurs travaux littéraires, est surtout connue par un talent d'amateur très-distingué en peinture, plusieurs de ses tableaux rappellent Greuze qui fut son maître.

famille, dans la cathédrale de Fiesole et à Santa-Croce. Ces armes sont de *sable* à une *aigle* romaine d'argent chargé de *croissants* de *sable* et de la *croix* de *gueules* du peuple Florentin. Le manteau ducal de Florence de *pourpre aux fleurs de lys d'argent* recouvre le casque en signe de deuil, et sur le tout est posée la couronne des princes souverains de Fiesole.

SOURCES ET DOCUMENTS

1° Scipione Ammirato. *Delle famiglie nobile Fiorentine ; Storia degli Valori.* Florence. 1615.

2° Lucca della Robbia. *Vie de Bartolomœo Valori.*

3° Sylvano Razzi. *Vie de Francesco Valori.*

4° Ildefonso di San Luigi. *Storia della casa Valori ;* cette Histoire comprend le tome XVIe de l'ouvrage intitulé : *Preuves de l'Histoire de Florence.*

5° Le duc Pompæo Litta. *Maisons illustres d'Italie ; Genealogia e Storia della famiglia Valori.* Milan, 1846.

6° De La Roque. *Alliances de la royale Maison de Bourbon.* 1615, chez Firens.

7° Moréri, dernière édition, tome IX.

8° Le comte de Pontchartrain. *Mémoire au Roy sur la Maison de Valori.*

9° Clérembaut. *Généalogie dressée avec l'abbé de Pomponne, conseiller du Roi en ses conseils, commandeur de l'Ordre du St-Esprit, conformément à l'Ordonnance royale du 16 août 1709, qui établit un Conseil pour savoir si MM. de Valori auront droit aux honneurs du Louvre, comme les princes de Lorraine et de Rohan.*

10° D'Hozier. *Généalogie.*

11° L'Abbé André. *Précis de l'Histoire de la Maison de Rustichelli-Valori.* Didot, 1855.

12° Le comte de Villeneuve-Bargemont. *Notice généalogique sur la Maison de Valori.*

13° Le marquis de Piolenc. *Armorial du département des Bouches-du-Rhône.*

14° Le Père Anselme. *Histoire des grands Officiers de la Couronne.*

15° Jons Dennistons. *Memoirs of the princes of Fiesole.* 3 vol. in-8.

16° Nostradamus. *Chronique de Provence.*

17° Papon. *Histoire de Provence..*

18° Noblet de La Lauzière. *Histoire d'Arles.*

19° Machiavel. *Histoire de Florence ; discours sur Tite-Live, lettres, éloges.*

20° Zazzarà. *Nobiltà d'Italia.* 1 vol. in-4.

21° Tommasi. *Éloge des hommes illustres d'Italie.*

22° Sansovino. *Les cinq plus grandes familles de Florence.*

23° *Mémoires du Marquis de Valori, ambassadeur de France à Berlin.* Didot, 1815.

24° *Relation de l'ambassade de Messire Antoine de Valori, sire d'Estilly, auprès de la reine Élisabeth.* Didot, 1814.

25° *Mémoires du comte de Valori, faisant partie des Mémoires relatifs à l'Histoire de France.*

26° *Légende de la Bienheureuse Piera Valori.* Florence, 1624.

27° *Archives de la Préfecture à Marseille.* — Registres : *Armorum et Lilium.*